DINNER WITH FISH & MIRRORS

Ivana Milankov

Dinner with Fish & Mirrors

ВЕЧЕРА СА РИБОМ И ОГЛЕДАЛИМА

Translated by
Zorica Petrović
& James Sutherland-Smith

ΛΥC
PUBLICATIONS

2013

Published by Arc Publications
Nanholme Mill, Shaw Wood Road
Todmorden OL14 6DA, UK
www.arcpublications.co.uk

Design by Tony Ward
Printed by Lightning Source

978 1904614 78 4 (pbk)
978 1906570 18 7 (hbk)

Cover image: © Shamil Khairov, 2013

ACKNOWLEDGMENTS
Some of the translations in this volume have previously
appeared in *The Bow Wow Shop*; in *Čortanovci-Andrevlje
2011*, the sixth volume of texts published by the
International Writers' Colony of the Serbian Literature
Society; and in www.recoursaupoeme.fr

Culture

This project has been funded with support from the European
Commission. This publication reflects the views only of the authors,
and the Commission cannot be held responsible for any use which
may be made of the information contained herewith.

Supported using public funding by
ARTS COUNCIL
ENGLAND
LOTTERY FUNDED

'Arc Translations' Series Editor: Jean Boase-Beier

CONTENTS

Introduction: Animula, Vagula, Blandula / 7

Ivana Milankov was born in 1952 in Belgrade, a propitious year as this was when the great triumvirate of Serbian modernist poets, Ivan Lalić, Miodrag Pavlović and Vaško Popa, began to make their mark. Although she lives in Belgrade, Ivana has roots in the Vojvodina, the Serbian region of the Pannonian plain that stretches north to the Hungarian border and the foothills of the Carpathians which run in a great arc from Serbia through Romania, Ukraine, southern Poland and northern Slovakia and taper to foothills in the south-west of Slovakia close to Bratislava. She spends her summers at a house belonging to her family in the part of Vojvodina known as Banat.

Ivana completed her education at Belgrade University in English language and literature and pursued her vocation as a poet, supporting herself as a teacher of English in secondary schools, and by translating. I met her as the translator prevailed upon – as she was almost every year by the Serbian Writers' Association – to translate the poems I would read at the International Meeting of Writers in Belgrade in 2002. Invariably she would be given less than a week to render a slew of the visiting Anglophone poets' work into passable Serbian versions and usually without the opportunity of consulting the poets over points of difficulty. Years before, Allen Ginsberg had met her in similar circumstances in Belgrade and, with his famous sympathy for the put-upon, had decided that there might be more to the waif-like young translator than the male, Yugoslav organizers of the meeting had let on. Ivana was invited to a workshop run by Ginsberg and Ann Waldman at the Naropa Institute near Boulder, Colorado. Later she spent some time in Poland, which is a source for some of the poems (such as 'The Baltic Profile', p. 43) in this selection. In the 1980s Ivana was active in performance art and street theatre and this has given her poems an immediacy, a sense of how they 'come into being', of how they impinge on the reader's consciousness and of where they might lead.

Fifty years ago, twentieth-century European poetry was introduced to British readers through the Penguin Modern Poets series. Poetry in what was then understood as Serbo-Croat was represented by Ted Hughes's and Anne Pennington's versions of Vaško Popa which focused only on a narrow part of the poet's work, a world based on Balkan folk motifs – fragmented, anthropomorphic and harking back to Neolithic cultures. It has always seemed to me that an aspect of Popa's poetry at a stage in his career where the potential for violence was contained within forms alien to the British poetic tradition coincided with a particular strand in Hughes's poetry. In recent years the publication of Charles Simic's translations of the poetry of Aleksandr Ristović and Radmila Lazić have reinforced the 'pagan' origins of Serbian poetry, while the twentieth-century connection of Serbian language poetry with European modernism evident in the work of Lalić and Pavlović (in Francis Jones's exemplary translations of the former and in less visible Canadian translations of the latter), has been largely ignored.

Ivana Milankov's poetry rehabilitates for the English reader the connections with a modernism informed by Serbia's classical and religious culture. It is perhaps useful to remember that from the early third century to the late fourth century AD the Roman Empire was sustained largely by a series of Balkan-born soldier-emperors, many of whom originated from the territory that now comprises modern Serbia. Indeed, the Emperor Constantine, who made the most important decision for the religious-political history of Europe by adopting Christianity, was born in the southern Serbian city of Niš. Consequently, it is not surprising to encounter enormous cultural pride among Serbian intellectuals and there is a similar *hauteur* among Croatians. Milankov's poetry draws part of its reference from the ancient

8

presence of the Roman Empire and surrounding ancient civilisations of the Middle East, particularly with regard to the strain of mysticism passed from civilisation to civilisation even into the philosophy of Christianity. The *animae* of these civilisations inhabit her poems.

Bojana Stojanović Pantović, in her illuminating essay 'Poetry of New Senses', has aligned Milankov with post-modernist practice, drawing attention to the allusive nature of her poetry: "the hermetic images and scenes in which are distilled mythical, historical, literary and empirical fragments, never refer to their models directly." This might appear puzzling to English readers accustomed to the crude representational and mimetic realism which still prevails in contemporary British poetry, but for me Milankov's poetry has something in common with that of the Uruguayan poet, Ida Vitale (born 1923). The opening lines of Vitale's 'Moth, Poem'* could stand for how we might approach meaning in Ivana's work:

In the air was
imprecise, tenuous, the poem.
Imprecise as well
the moth arrived.

Ivana Milankov is the most tentative of poets. The lyrical 'I' is constantly being called into question; she is well aware of the uncertainty of images and how they might be generated by other uncertainties:

Yet this image only will endure on the skin
and then, behind another and behind one unknown:
a cathedral, its base made of fog and leaves.
                                     'Call me Atlantis', (p. 105)

Pantović perceptively focuses on the figure of the Em-

* Vitale, Ida, *Garden of Silica* translated by Katherine M. Hedeen & Victor Rodriguez Nunez, p. 49, (Salt Publishing, 2010)

peror Hadrian, the protagonist in a number of Milankov's poems, still known in British primary schools as the emperor who built the wall between Britannia and Caledonia which stands as a border between England and Scotland. In European culture, however, Hadrian is perhaps the most complex individual who held political power in the classical world, an emperor who never fought a major war – indeed, wars may have been prevented by his ceaseless travelling through the length and breadth of a Roman empire at its greatest extent. He was also a highly cultivated homosexual who was devastated by the death of his lover, Antinous, whom he unprecedentedly deified. The opening line of the quatrain that Hadrian is said to have written shortly before his death – "Animula, vagula, blandula" (little, agreeable, roving soul), also the title of my introduction – indicates one aspect of his personality. It could also indicate the impulse which moves Milankov's poetry and is a fair evocation not only of her slight physical presence, but her vivid spiritual personality.

On the surface, the personae in some of her poems can dart about from place to place, separated by great distances in space and time:

a Sumerian face
rain and apparitions at midnight
I am their quarrel.
All of this reverberates on Saturn

'I Have Forebodings', (p. 63)

She brings together epochs and geographies remote from one another as well as a bricolage of objects, as in 'The Tenth, I Dare Not Say Who That Might Be' (p. 33):

… a knife, a ring, a needle,
pebbles from Crete, binoculars, a pressed rose,
a letter from Ireland, a yellow scarf, a map of an eastern city

She indicates how the disparate experiences of travel, personal history and culture can jostle each other in consciousness as an individual seeks for meaning. In the poem 'Hadrian, To A Likeness Hidden' (p. 15) she adopts the persona of the Emperor Hadrian as somebody attempting to travel beyond experience:

> To Thrace I have come
> for something quivering, inviting,
> that has never existed in the senses and in reason before.

The quest is, of course, doomed but there is never a sense in her poetry that it is not worth undertaking.

Ivana Milankov's poetry is also highly sensual. She is marvellous at evoking the sense of touch; when something in the environment around us changes, such as a movement of the air, our skin prickles with anticipation:

> Hoarfrost descends
> quietly
> without noise or hope.
> The world is made of cotton.
>
> 'Noon in a Glass Bell', (p. 47)

As she communicates a frisson, however, she undercuts it with a contradictory sensation. Glass is a motif that recurs in her poetry, often set against softer, less adamant, materials such as silk and powder.

Apart from a single instance, '36, The Richmond Bus' (p. 97), ironically set in the capital city of the land of straight narrative verse, Milankov's poetry is built through modes of perception, the meaning of which we try, but often fail, to unravel. Like all true lyrical poetry, its quandaries and contradictions are organised in a manner whose emotional resolution is akin to music; we are dazzled by an imagery whose structure and development confounds our expectations. Yet despite this, it is a surprisingly transparent poetry. In each poem, Milankov creates a world which holds our attention through an underlying drama of reason and feeling.

The process of translation of this selection of poems was made remarkably easy by the skill of my co-translator, Zorica Petrović, who often did much more than present me with a base line-by-line translation for me to con with the originals, a dictionary and my limited Serbian. The versions here are as much Zorica's work as mine, if not more.

James Sutherland-Smith

DINNER WITH FISH AND MIRRORS

ХАДРИЈАН, СЛИЧНОСТИ, СКРИВЕНОЈ

До Тракије дођох,
не због Рима.
До Тракије дођох,
не због светковина латинских.
До Тракије дођох,
не због ширина помпезних.
До Тракије дођох
због нечег титрајућег, зовућег,
што у чулима и разуму никада бивствовало није.
До Тракије дођох
због пролећа једног дивљег.
Мишљах можда је још ту онај
кога тражим,
онај мени сличан,
онај кога предуго одлагах
као пред смрт када скида се прстење, на начин
                            полаган и свечан
или краљевски споро кад одлаже се одежда земаљска.
И тако тражећи природу другу
из облика далеког, из облика високог, из облика
топлог
у мене да се стопи,
нађох дивљину и њено срце –
племена, ватру, обреде очима непознате, древна жртвовања.

Римљанин сам, и ја знам за жртву – видљиву.
Али овај други, онај кога тражим
чека ме изван сфера, космоса и богова ми знаних,
чека да ми пролеће ово тракијско последњу крвну
                            чежњу спали,
чека док ми се последња хаљина старог разума по
                            пепелу не развеје,

HADRIAN, TO A LIKENESS, HIDDEN

To Thrace I have come,
not on account of Rome.
To Thrace I have come,
not on account of Latin festivals.
To Thrace I have come,
not on account of pompous expanses.
To Thrace I have come
for something quivering, inviting,
that has never existed in the senses and in reason before.
To Thrace I have come
on account of one wild spring.
I thought perhaps the one I seek
is still here,
the one similar to me,
the one I have postponed for too long
as just before death when the rings are removed in a manner
                                          slow and solemn
or when with royal deliberation earthly vestments are set aside.
And thus searching for another nature
from a form far off, from a form with height, from a form with
warmth
to merge with me,
I have found the wilderness and its heart –
tribes, fire, rites unknown to the eye, ancient sacrifices.

I am Roman. I, too, know sacrifice – visible.
But this other, the one I seek
is waiting for me beyond the spheres, the universe and the
                                          gods known to me,
is waiting for this Thracian spring to burn my last carnal desire,
is waiting until the last garment of my old reason is scattered
                                          as ashes,

чека довољно чист да будем,
безмерну, невидљиву природу кроз Његове очи да примим
и ћелије састава у видљивости истрошеног
милионима лептирова да предам
и онда, у море, млађе од времена, да се слијем.

is waiting for me to be pure enough,
to receive an infinite, invisible nature through His eyes
and the cells of a system exhausted in visibility
to pass on to millions of butterflies
and then to flow into a sea younger than time.

ДОДАТНА ДИМЕНЗИЈА

Колико ћу дуго путовати кроз ово тело,
колико ћу још белих и колико модрих судбина да пређем
колико завоја, колико газе,
колико стерилног Бога?
Колико ће ме још умотавати
у шкољке, у милосрђе?
Душа би да се подигне као магла,
али ходници имају сећање,
под стаклом
су ме видели
и сада ме претачу
        у поларну светлост, у кристал, у здравље.
Не, ништа анатомско, ништа лично
– на небу ми није потребно име –
хтела сам нешто велико, нешто античко,
хтела сам плоче, хтела сам слонове, хтела сам
                        безграничне нојеве.

Дух напушта огледало.
На дну крви сачекују ме сфинге.
Околна влага нуди ми свој его.
Ум долази из мора,
влажан као лудило.
На дну ума чекају ме очи
и вид од оникса.
Иза таме почиње безумље.
Безумље? Од колико је умова,
од колико леда, од колико ватре,
од колико мора, од чије коже?

How long will I travel through this body,
how many more white and how many blue destinies will I undergo,
how many bandages, how much gauze,
how much of the sterile God?
How much longer will I go on being wrapped
in shells, in compassion?
My soul yearns to lift like fog,
but corridors have memory,
under glass
they have seen me
and are now transforming me
          into the northern lights, into crystal, into health.
No, nothing anatomical, nothing personal
– I do not need a name in heaven –
I wanted something large, something classical,
I wanted plaques, I wanted elephants, I wanted ostriches
                                        without limit.

The spirit is leaving the mirror.
At the bottom of my blood sphinxes await me.
The surrounding moisture offers its ego to me.
The mind comes from the sea,
as damp as madness.
At the bottom of the mind eyes await me
and onyx sight.
Beyond the dark madness begins.
Madness? From how many minds,
from how much ice, from how much fire,
from how many seas, from whose skin?

ЗАПОВЕСТИ

Из Вавилона, из земаљских језика
из позног дима, изађи –
шкољке су једини прихватљиви предели.
Проломи се, промоли, пожури, изађи,
подне ти судбину омекшава.
Обузеће те опште небо, јава.
Време је да на сопствено лице личиш.
Не призивај огледала,
у њима су алге и медузе,
можда жива и туђа дна.

Пре звезде
и свих светих ствари
пронађи Овна
и његових четрдесет сенки
у камену.
Онда у своју сличност потони,
у очи и кожу отмених и чистих сенки
и прихвати сва туђа дна,
пре свих светих далеких ствари.

Признаћеш. Тешко је.
У магли и страху гледаћеш
Вавилон на морима и острвима.
Где год се осврнеш
тај град ће се дешавати другима.
Без града ћеш остати.

Пожури. Бога у поља удени,
нека само призор остане:
пустара између тебе и твоје језе.
Запад те издужује.
Пожури, пре свих светих ствари
почни на своје лице да личиш.
Не окрећи се,
чућеш врачаре и псе у пустињи.

COMMANDS

From Babylon, from earthly tongues
              from late smoke, appear –
shells are the only acceptable landscapes.
Burst, pop out, hurry up, appear,
noon softens your destiny.
You will be overcome by the common sky, by reality.
It is time you looked like your own face.
Do not invoke mirrors,
inside them there are algae and jellyfish,
perhaps depths which are alive and weird.

Before the star
and all things sacred
find Aries
and its forty shadows
in the rock.
Then sink into your likeness,
into the eyes and skin of noble and pure shadows
and accept all the weird depths,
before all sacred, distant things.

You have to confess. It is hard.
In fog and fear you will watch
Babylon on the seas and islands.
Wherever you turn
that city will be happening to others.
You will be left without a city.

Hurry up. Thread God through the fields,
let only a scene remain:
a wasteland between you and your shudder.
The west elongates you.
Hurry up, start resembling your face
before you resemble all sacred things.
Do not turn around,
you will hear fortune tellers and dogs in the desert.

EXODUS

У земљи тронова
мост је био: по ону сам ходала.
У земљи тронова
град је био: из догађаја сам излазила.
У земљи тронова
храм је био: кроз два ума сам пролазила.
У земљи тронова
у нечијем оку склопљена,
под плаштовима запамћена.
У земљи тронова
неко ме из прохујалих сенки
дозива.
У подземној миси, у ројевима, у огледалима
гледам, слушам, одзвања
У злочин! У Рим!
Надмашујем нарав, ћуд, параду, финесе од плиша.
Силазим.
И тронови силазе.
И земља силази.
Краљевство у море улази.
У туђем Уму
збива се беспрекорни чин.
А могло је, све је могло у опсегу лаком, личном
са гордом свитом, дворјанима и ваздухом.

EXODUS

In the land of thrones
there was a bridge: In a dream I was walking across.
In the land of thrones
there was a city: I departed from events.
In the land of thrones
there was a temple: I passed through two minds.
In the land of thrones
folded into someone's eye,
recalled under cloaks.
In the land of thrones
from shadows flown by
someone is calling out.
In an underground mass, in swarms, in mirrors
I watch, I listen, it resounds
To evil! To Rome!
I surpass character, mood, display, the niceties of plush.
I descend.
And the thrones descend.
And the land descends.
The kingdom enters the sea.
In another's Mind
an immaculate act is happening.
And it could have, all could have been on a small scale, personal
with a haughty retinue, courtiers and air.

ПИСМО ГУБЕРНАТОРУ

Поштовани,
Чујем у Вашој губернији
виђају ми душу:
утвару камиле и камења.
До ње? До Вас? До Вашег века?
Начин на изглед могућ –
EXPRESS.
Под Ваш лорњон! У кулисе!
Њој на трагу! Њену маску!
Грешка! На сцени није Она.
Глумица сам ја. Добра.
Кокета. Миљеница фарисеја.
Са западне ложе, можда,
пред дух пешчаног бога?
Са запада, никако!
Сишла је, кажу, на истоку,
у неком њеном веку.
Исток више није страна
и душа није стање.
Душа је просто душа
         anima mea,
Madame,
сопственог порекла.
EXPRESS.
„Језик је глина,
мисао ребро.
Има нешто треће:
Верујем у крвне везе
кондора и пирамида.
Претачите,
уништите стања
звери и камења.
Да, у небо, претачите.
Тумачите ме одмах,
преко хијероглифа!"

A LETTER TO THE PROVINCIAL GOVERNOR

Your Honour,
I hear that in Your province
my soul is often seen:
an apparition of a camel and stones.
To her? To you? To Your century?
A manner apparently possible –
EXPRESS.
Under Your lorgnette! Behind the scene!
On her trail! Her mask!
An error! It is not Her on the stage
I am an actress. A good one.
A coquette. A favourite of the pharisees.
From the western box, perhaps,
before the spirit of the sand god?
From the west, by no means!
She descended, so they say, in the east,
in a century of her very own.
The east is no longer a point on the compass
and the soul is not a condition.
The soul is simply the soul
       anima mea,
Madame,
of her own origin.
EXPRESS.
"The tongue is clay,
the thought a rib.
There is a third thing:
I believe in blood relations
between condors and pyramids.
Pour from one into the other
destroy the states
of beasts and rocks.
Yes, pour, into the sky.
Interpret me immediately,
through hieroglyphs!"

Ако је она анатомија ванчулних птица,
како онда Поштовани?
Требаће ми сви векови
            и торњи и доњи.
Како ћу пред Њу
са салонским крзном,
папучицом лаком?

If she is the anatomy of extra-sensory birds
what then Your Honour?
I will need all the centuries
        both the upper and the lower ones.
How do I go before Her
in drawing-room fur,
and my light slippers?

ПИСМА ИЗ ПЕРСИЈЕ

Загробно поподне у Персији, јануар и млада сенка
      Шарла Луја Монтескјеа,
на крају шуме, и даље,
стално иза леђа: пре мисао него сенка,
у градовима, на мостовима, сутонима
      када мислим да је зора.
Варка! И Исток је сенка, притајени запад,
дубоко западање у зиму и смрт века.
Стално иза леђа. Тако се догађа и живот
                иза живота
                   иза леђа.
Једноставно. Сенка.
Све што угледам,
заборави ме,
и Ум сложен у плочама камина,
касније уситњен у игри шаха и домина.
Код вас у земљи јануара, у Персији
приносе чај чудима и сенкама планина.
Овде су чуда поспана и лења.
Подне их са Чудотворцима
заводи на тргу.
Чекам те.
Из магле у маглу
једино твоја невидљивост и њена сенка.
Између? Душа – простор
где чекам себе
      једном у Персији
и само себе, далеко иза себе.

An afternoon in the hereafter in Persia, a January and the
                                        young shadow of
            Charles-Louis de Montesquieu,
at the end of the forest, and further,
constantly behind my back: a thought rather than a shadow,
in cities, on bridges, at sunsets
            when I think it is dawn.
Delusion! The East is a shadow too, the west in disguise,
a deep tumble into winter and the death of the century.
Constantly behind my back. That is how life happens
                            behind my life
                            behind my back.
Simply. A shadow.
All I see,
forgets me,
and the Mind assembled in fireplace tiles,
later fragmented in a game of chess and dominoes.
In your country of January, in Persia
they bring tea to wonders and the shadows of mountains.
Here the wonders are drowsy and sluggish.
Noon with Miracle workers
seduces them in the square.
I wait for you.
From fog into fog
only your invisibility and her shadow.
In between? The soul – the space
where I wait for myself
            at some point in Persia
and only myself, far behind myself.

НЕПОЗНАТОМ ПЛЕМИЋУ

Племенити Сире,
Ваши убирачи, надзорници духа по мануфактурама,
Ваши пси гоничи,
тако су бучни, тако паралелни
са мојим длановима на чајнику,
са зимом у врту.
Али, тако мара бити:
ја сам само полуострво
између паганских мора
и копненог царства једнодушног бога.
Острва Блажених остављам вама.

Noble Sire,
Your collectors, overseers of the soul in manufactures,
Your bloodhounds,
are so noisy, so parallel
with my palms on the teapot,
with the winter in the garden.
But, that is the way it must be:
I am a mere peninsula
between pagan seas
and the land empire of the unanimous god.
I leave the Islands of the Blessed to you.

Откривам десету
од девет тајанствених
волшебно несталих ствари:
Твоју слику са које су Ти ишчезле очи
и обриси лица.

Понекад на месту где су били нож, прстен, игла,
каменчићи са Крита, дурбин, пресована ружа,
писмо из Ирске, жути шал, мапа једног источног града
чујем шумове.
На месту где је било Твоје лице
постајем понорна и чулна
– добијам покрете за дах када Исток улази у сан,
добијам гипкост за отпочињање ветра,
добијам запремину у коју треба да се уплете пролеће.

Како тамо иза изгледа?
Има ли светова? Где се сусрећу? У којој повисилици?
Колико зглобова имам тамо?
Колико азурних сила жели да им будем крв?
Како постојим? Има ли ме у догађајима?
Да ли да понесем преостале ствари? Кишобран? Сандале?
Колико кофера?

Зашто сте пожуриле пре мене?
Да ли се то моја душа улива у веселе планете?
Можда је познајете боље од мене.
Знате њену склоност ка детаљима,
журите да ме посведочите, мојих девет драгих ствари.
Ако је тако, пожурите, посведочите.
Судбина ми се тка са дна невидљиве пређе.

Велике митске птице одлећу ма Запад
и односе ме
из догађаја.

THE TENTH, I DARE NOT SAY WHO THAT MIGH BE

I reveal the tenth
out of nine mysterious
magically lost things:
Your image from which Your eyes have vanished
and the contours of Your face.

Sometimes at the place where there used to be a knife, a ring, a needle,
pebbles from Crete, binoculars, a pressed rose,
a letter from Ireland, a yellow scarf, a map of an eastern city
I hear sounds.
At the place where Your face used to be
I sink underground and become a sensual flow
– I gain the movements for breath when the East enters sleep,
I gain the suppleness to initiate the wind,
I gain the volume into which spring should be woven.

What does it look like beyond there?
Are there worlds? Where do they meet? In which augmented?
How many joints have I got there?
How many azure powers wish me to be their blood?
How do I exist? Am I involved in what goes on?
Shall I bring along some spare things? An umbrella? Sandals?
How many suitcases?

Why have you rushed ahead of me?
Is that my soul flowing into the cheerful planets?
Perhaps you know it better than I do.
You know its inclination for detail,
you are in a hurry to affirm me, my dear nine things.
If that is so, hurry up, affirm me.
My destiny is being spun from the bottom of an invisible yarn.

Great mythical birds fly west
and bear me away
from events.

Можда ме се зато више и не сећа
моја задња душа док лепрша
у свемирима лагодним.

Пожурите, јер на месту десетог ишчезнућа
у дубини где су некад биле Његове очи
могла би да никне висока љубичица
и да заувек процвета далеко
у Његовом високом лицу,
иза изгледа свега што је постојало
и што ће икада постојати.

Perhaps that is why I am no longer even remembered
by my ultimate soul while it flutters
in the languorous universes.

Hurry up, for at the place of the tenth vanishing
in the depths where His eyes once were
there might sprout a tall violet
and flower forever far away
in His tall face,
behind the appearance of everything that has been
and that will ever be.

ЈОВАНУ, У ДИВЉИНИ

Пустиње, пустиње
да ли вас боли
моје бдење?

Сутра ће
и у вас стићи
Бот.

Ево ме
долазим
из његовог дна.

TO JOHN, IN THE WILDERNESS

Deserts, deserts
do you ache
from my vigil?

Tomorrow
God
will arrive in you.

Here I
approach
from his depths.

СЕНКА ПРЕ МОГ ТЕЛА

У пустињи, међу силама
душа са 700 страхова.
Зароним под сваки
лицем
Где су тада твоје очи?
Горе
изнад глине,
изнад бога.
Олуја ће. Ипак, покупи
идоле!
У граду мачака
један ме страх
са Анђелом издаје.
И даље олуја: лице, ћуп
или ништа.
Олуја. На крају света: ветар.
Из пете ниче псалм:
бог од глине,
народи од песка.
Очи? У пределима
пре мог тела.
На рубу шкољке:
пустиња, пре мог вида.

A SHADOW BEFORE MY BODY

In the desert, among the forces
a soul with 700 fears.
under every one
I submerge my face
Where are your eyes then?
Up there
above the clay,
above god.
A storm is coming. So gather
                    the idols!
In the city of cats
a certain fear
with an Angel betrays me.
And the storm goes on: a face, a jug
                    or nothing.
The storm. At the end of the world: wind.
From the heel a psalm sprouts:
a god of clay,
nations from sand.
Eyes? In the locales
        before my body.
At the edge of a shell:
a desert, before my vision.

ДРУГИ ДОЛАЗАК

Спушташ се у свет, Боже.
Долазиш и замишљаш
како ои лукавији од острва,
мудрији од стакла.
Доносиш
свилу за обим моје таме.
Завирујеш у моје зглобове
– узглобљење невешто. Из тела Је нешто
искочило, ишчезло, испарило.
Од твоје радозналости
изгубила сам ум.
Сада сам један од својих начина: олуја, вејавица
и још неколико ваздушних нагона.
Не могу да станем у мит.
Али довољно је,
садржиш ме,
покривам твој лик.
Поклањаш ми отмене маске.
Мислиш прихватићу
такт, танго, тил – елегантну равнотежу.
Опрезан буди, Господе.
Не пуштај у мени твоје корење.
Ја нећу тако помпезну,
тако плишану смрт.
Одузми ми климу,
можда би требало
да будем птица.
Дотакни ме ледом,
можда би требало
да будем хербаријум Космоса.
Буди опрезан, Господе.

THE SECOND COMING

You descend into the world, God.
You arrive and imagine
that you are slyer than islands,
wiser than glass.
You bring
silk made to measure for my darkness.
You pry into my joints
– set inexpertly. From my body something
has leapt out, vanished, vapourised.
Through your curiosity
I have lost my mind.
Now I am one of my modes: storm, blizzard
and some other airy instincts.
I cannot fit into a myth.
But it will do,
you contain me,
I cover your face.
You give me noble masks.
You think I will accept
tact, tango, tulle – an elegant balance.
Be careful, Lord.
Do not grow your roots inside me.
I do not want such a pompous,
such a plush death.
Remove the climate from me,
perhaps I should
be a bird.
Touch me with ice,
perhaps I should
be the herbarium of the Universe.
Be careful, Lord.

Сутра нећу умети
да облачим хаљине.
Бићу чулна
на начин балтичких шкољки.
Мртве планете ће ме замишљати
             као Галицију.
Вулкани ће се повући у богове.
Владаћу лепотом Помпеје.
Бићу чулна
на начин кипова, на начин Бога
             у коме је моја седма кожа.
Сутра нећу умети
да умрем.
Рај ће бити препун
             мојих сенки.
Ствари ће имати оштрину
мојих узрока.

Tomorrow I won't know how
to put on my dresses.
I will be sensual
in the manner of Baltic shells.
Dead planets will imagine me
                 as Galicia.
Volcanoes will withdraw into gods.
I will rule the beauty of Pompey.
I will be sensual
in the manner of statues, in the manner of God
       in whom my seventh skin dwells.
Tomorrow I won't know how
to die.
Paradise will be teeming
       with my shadows.
Things will have the keenness of
my reasons.

ПОСЕТИЛАЦ

„Неко је дошао?"
– Не знам чија је то сенка.
„Неко је отишао?"
– Не знам чија је то сенка.
Неко се у мене увукао
– не знам чија је то сенка,
        древна, мека, далека.

VISITOR

"Somebody has come?"
– I do not know whose shadow it is.
"Somebody has left?"
– I do not know whose shadow it is.
Somebody has crept inside me
– I do not know whose shadow it is,
        ancient, soft, distant.

ПОДНЕ У СТАКЛЕНОМ ЗВОНУ

Оно што бих могла назвати умом
сабирам из лептирова.
Толика прекомерност.
Ублажавам је прахом.
Пет неба је мало.
Десет божанских смехова ништавно.
Толика прекомерност,
чист вишак, без тежине, без звука
– стакло
које би могло одражавати Јапан,
његове сенке, њихову космичку модрину.
Стакло
које би могло заболети Анђеле,
далеке шкољке, њихова дна.

Оно што бих могла назвати умом
прекривам свилом,
сабирам из гласова.
Ублажава ме подневна церемонија.
Сунцобрани су елегантни
⠀⠀⠀⠀⠀⠀⠀на начин сенки.
Сунцобрани су логични
⠀⠀⠀⠀⠀⠀⠀на начин царства.
Смештају ме у пет стаклених звона.
Лептирови више нису неопходни,
увесељавају околна мора.
Душа се њише у стакленом врту.
Стаклене биљке упијају бол.
Иње се спушта
тихо
без буке и наде.
Свет је од памука.
Више нема повратка.

NOON IN A GLASS BELL

What I could call a mind
I collect from butterflies.
Such excess.
I temper it with powder.
Five heavens are not enough.
Ten divine laughters worthless.
Such excess,
net surplus, weightless, soundless
– glass
that might reflect Japan,
its shadows, their cosmic blue.
Glass
that might pain the Angels,
distant shells, their depths.

What I could call a mind
I cover with silk,
I collect from voices.
I am tempered by the noon ceremony.
Sunshades are elegant
                in the manner of shadows.
Sunshades are logical
                in the manner of an empire.
I am placed into five glass bells.
The butterflies are no longer required,
they gladden the surrounding seas.
The soul is swinging in a glasshouse.
Glass plants absorb pain.
Hoarfrost descends
quietly
without noise or hope.
The world is made of cotton.
There is no going back.

СТАКЛЕНО ПОПОДНЕ
Јелени Ленголд

Овде је неко посуђе опрао.
Овде је неко звецкао.
Овде је неко мерио и измерио
и сада је све свето, обичајно,
         сахаринско, млечно.
Пејсаж је вртовима и фонтанама склон.
На рубу врта
      – душе од путера
и небо са неба пада.
Анђели? Опрезни. Скривени.
– Расцеп је негде међу звездама,
издвојеност, још даље.
Ванила, цимет, кашика прва, кашика друга
– раскош, сласт,
тако почињу призори од стакла.
„Додирни“ цикнули су грами
и хорови бели и апотекари.
„Под стаклом је душа висинска.
Бог је од крзна, умиљат и благ.
Додирни. Космос је лак,
скоро да је туђ.“
Али овде, уз кожу, уз лице само,
на рикшама у свили
Тмину су дуго, дуго проносили.

A GLASS AFTERNOON
to Jelena Lengold

Somebody has washed the dishes here.
Somebody has been clattering here.
Somebody has weighed and measured here
and now everything is sacred, customary,
            saccharine, milky.
The landscape is prone to gardens and fountains.
At the edge of the garden
            – souls of butter
and a heaven falling from heaven.
Angels? Cautious. Concealed.
– A breach is somewhere among the stars,
isolation, even further.
Vanilla, cinnamon, a first spoon, a second spoon
– luxury, delight,
this is how the pageants of glass begin.
"Touch" squealed the grams
and the white choirs and apothecaries.
"Under the glass is the soul of the altitudes.
God is furry, lovable and meek.
Touch. The universe is almost weightless,
it is almost unfamiliar."
But here, next to the skin, next to the face itself,
on rickshaws in silk
Darkness has been long, long dispersed.

СТАКЛЕНИ ПОСЕДИ

Зар је могуће,
        ови модри, јонски покрети из таме,
ови застори над језером,
нечије уши у пећинама,
зар ме још увек походе,
зар ме поново припремају
за велове Бога –
унутра су његова лица,
унутра је ледено
        и безразложно.
Ваздух подиже умове
        мојих живота –
љубичасти су, долазе у јесен,
нису памучни, нису етични,
плутају, тужни су као кашмир,
стари су, старији од севера, од хемисфере.
Равнотежа је на острвима.
Стварност је на бродовима.
Колонијална сам, тршчаног менталитета.
Имам сујету стакла
и гордост његових сила.
Овде престају стране света,
разбијају се.
У мени кристали постају пловни.
Велови? Велови су из другог света.
Боже, лутај по свом последњем лицу.
Не улази у моја огледала,
        лукава су.

GLASS PROPERTY

Is it possible,
        these blue, Ionian movements from the dark,
these curtains above the lake,
someone's ears in caves,
do they still visit me,
do they prepare me once more
for God's veils –
within are his faces,
within is icy
        and groundless.
The air lifts the minds
            of my lives –
they are purple, they arrive in autumn,
they are not cotton, they are not ethical,
they float, as sad as cashmere,
they are old, older than the north, than the hemisphere.
Balance is on the islands.
Reality is on ships.
I am colonial, of a reed's mentality.
I have the vanity of glass
and the arrogance of its forces.
Here cardinal points stop,
they smash.
Within me the crystals become navigable
The veils? The veils come from another world.
God, wander around your last countenance.
Keep out of my mirrors
           they are cunning.

ВЕЧЕРА СА РИБОМ И ОГЛЕДАЛИМА

Не лутај толико, натприродно је.
Ни Свемир није тако сам,
тих је и племенит у стакленој башти
                        са боговима.
Не замишљај самоћу тако астрално.
Чуо си погрешне приче
о звездама и хладноћи.
Ушао си у погрешне собе
са мумијама и балзамом.
Поверовао си стварима.
Ствари су далеке
– буде се у музејима,
изван њих почиње Бог
            са својим суптропским душама.
Има нечег веселог
у призору са Богом.
Поклони му тишине твојих понора.
Замисли га – милосрдна шкољка –
не лутај толико,
чујеш ли како се комете завршавају?
Чујеш ли, лудило је топло, бело, обло,
долази из Алжира.
Не лутај толико,
љубичице имају латинску префињеност,
а риба се једе у издвојеним сферама
– виљушке су од песка и сребра.
Свемир те чека
са цитром и огледалима.
Тако је мирно на дну стакла.
Не лутај више.
Неко са Урана тражи твој лик.

Do not wander so much, it is supernatural.
Not even the Universe is so lonely,
it is quiet and gracious in the greenhouse
                    with the gods.
Do not imagine loneliness in such an astral manner.
You have heard the wrong stories
about the stars and the cold.
You have entered the wrong rooms
with mummies and balm.
You have trusted in things.
Things are distant
– they awake in museums,
beyond them God begins
        with his subtropical souls.
There is something cheerful
in a scene with God.
Bestow the silences of your abysses on him.
Imagine him – a merciful shell –
do not wander so much,
can't you hear the comets ending?
Can't you hear, madness is warm, white, round,
and comes from Algeria.
Do not wander so much,
violets have a Latin refinement,
and fish is eaten in isolated spheres
– forks are made of sand and silver.
The universe is waiting for you
with a zither and mirrors.
It is so peaceful at the bottom of the glass.
Do not wander any more.
Somebody from the planet Uranus is looking for your face.

ВАРИЈАЦИЈА НА ТЕМУ

Не разумом,
ја боком сазнајем свет –
ја сам та кост
        на рубу,
ванумна, бочна,
душа и кост, сабласт, замало.
Уместо пене ја сам слоновача,
тиха, трома, огромна звер.
Боком, бочно, безочно, безбожно
        мимо, изнад и иза краја.
Крај? О крају једино балада.
Колико дуго траје та варка?
Ако је светлост држава,
а тама сваки њен град,
где је онда предео краја, где крај?
Ништа не призивај. Измиче и сама смрт.
Уосталом тако се догађа и свет. Лед је једини континент
                            – Исклизнуће.

На живот се дочекујем падом
и цео простор почиње бочно: стихија, ветар.
Мој бок је перо, етар,
        – кратко речено:
последња особина наде.

У Космосу чујем гром. Прастари огањ.
Побуна! Разум!
За мене облик недостижан,
нејасан звук, шум,
        ново чуло можда.

Ја одбијам да се буним,
јер морам да знам и признам,
па тек онда да рушим, да хулим.
Ја нећу ту свест.
Од немира до немира
        боком.

VARIATION ON A THEME

Not with my reason,
I sense the world with my side –
I am that bone
        at the edge,
out-of-mind, lateral,
soul and bone, spectre, almost.
Instead of froth I am ivory,
a quiet, sluggish, enormous beast.
With my side, laterally, impudently, impiously
        past, above and beyond the end.
The end? No more than a ballad about the end.
How long has this illusion lasted?
If light is the state,
and darkness its every city,
where, then, is the domain of the end, where the end?
Do not summon anything. Death itself eludes.
Anyway, that is the way the world happens. Ice is the only continent
                                    – a dislocation.
I land on my feet in life by falling
and the entire space starts laterally: elements, the wind.
My side is a feather, the ether,
        – in short:
the last feature of hope.

In the Universe I hear thunder. Ancient fire.
Rebellion! Reason!
For me a shape out of reach,
an indistinct sound, a noise,
        a new sense perhaps.

I refuse to rebel,
as I have to know and admit,
before I destroy, before I blaspheme
I do not want that consciousness.
From unrest to unrest
        with my side.

У истине се не упуштам.
Гордо, на боку пређуткујем
        свет.
За звезду довољно,
за руб потпуно.

I do not get in entangled truths.
Proudly, on my side I keep mum about
      the world.
For a star enough,
for an edge absolutely.

МАСКАРАДА

Валцери, валцери, лимунаде
и они што кажу да продали су душу.
Коме? Њему? Зар је тако монетаран,
тако ведар као пијачни дан?
Са тајном тако лако?
Под кожу, међу прсте?
Ох, не. Није то ни за бамбусе.
(са утваром трска није паралелна)
Он долази из других тела,
из четврте природе,
из потпуне октаве.
Елегантан. Екстравагантан.
Профил. Полутон.
Зверају зверчице, сатови зидни, сатови џепни
и они још дубљи, прецизни, моји механички ујаци,
швајцарски крајолици, бочни Алпи, јутарња идила
– а можда би то могла бити и смрт
планинска и свежа.
На Вашем сату колико је тачна душа?
Од јутра до поднева.
Ноћу,
ноћу је остављам недовршену
и потонем испод чулног дна.
Онда чекам велико планетарно сребро
да ме у модре сандале одене,
да ме у предео мог бескрајног лика положи
на нагон чист, безумнији од месеца,
страшнији од пучине.

Долазе, спуштају се
моје охоле тетке, модре перунике, етар, пилуле за сан
– остатак односи атмосфера.
Чудан мир,
          стакло са севера.
Боже, па то није апотека!

MASQUERADE

Waltzes, waltzes, lemonades
and those that say they have sold their souls.
To whom? To Him? Is he so mercenary,
so carefree as a market day?
So easy with a secret?
Under the skin, between the fingers?
Oh, no. That is not even for bamboos.
(reed is no match for an apparition)
He comes from other bodies,
from the fourth nature,
from a whole octave.
Elegant. Extravagant.
A profile. A semitone.
Dumb beasts gape, wall clocks, pocket clocks
and those even more profound, accurate, my mechanical uncles,
Swiss landscapes, lateral Alps, morning idyll
– and perhaps it could be death
mountainous and fresh.
On your clock how accurate is the soul?
From morning till noon.
At night,
at night I leave it unfinished
and I sink under the depths of the senses.
Then I wait for the big planetary silver
to slip blue sandals on to me
to lay me in the region of my infinite face
on to instinct pure, madder than the moon,
more terrible than the open sea.

They approach, they descend
my haughty aunts, blue irises, ether, sleeping pills
– the rest is dispersed in the atmosphere.
Strange peace,
        glass from the north.
God, it is not a chemist's!

Овде је влажна страна ума.
Овде је тежак југ.
Мој отац из шкољке излази
(осећам завршила се вечност).
И тамо су рођендани, целофани.
Овде, овде се не сме завршити душа.
Хоћу вечити Ташкент са камилама
и Бога који ће ме у стаклу препознати
                    – имаћу облик бадема.
Ако је бол оно што се зове свет,
нека више не буде мој.
Роса ће бити трома,
руже опојне
          – нека се то догоди у вазнама.
Разумљиво. Толико појава, толико туге.
                    На крају вазне – дно.
Хоћу неку нову чулност –
          младе сенке, дубоко тело ваздуха
и огледала, огледала, огледала довољно хладна
да у њих планете спусте свој дух.

Here is the damp side of the mind.
Here is the oppressive south.
My father leaves the shell
(I feel eternity has ended).
There, too, are birthdays, plastic wrappings.
Here, here the soul must not end.
I want an eternal Tashkent with camels
and a God who will recognise me in glass
                    – I will be almond-shaped.
If pain is what we call the world,
let it be mine no more.
The dew will be languid,
roses intoxicating
          – let it happen in vases.
Understandable. So many appearances, so much sorrow.
                    At the end of a vase – the depths.
I want a new sensuality –
          young shadows, a deep body of air
and mirrors, mirrors, mirrors cold enough
for the planets to lower their souls into them.

СЛУТИМ

Шта то промиче
изнад мог сна?
То, између ноћи и дана,
низ степенице
силазе гласови,
једно сумерско лице,
киша и појаве у поноћ,
њихова сам расправа.
Све то на Сатурну одзвања.
Мој се лик у прстен претвара.
Преостали свемир несклон је нади.
Али ходник тече даље:
стубови, углови, тама
и Чувар
            мог дна.
У зору
заборављам име.
Полако и сан нестаје.
Ипак, неко остаје.
Како се зове тај шум?

I HAVE FOREBODINGS

What is that gliding by
above my dream?
Those, between night and day,
are voices descending,
down the stairs
a Sumerian face,
rain and apparitions at midnight,
I am their quarrel.
All of this reverberates on Saturn.
My face turns into a ring.
The rest of the universe is disinclined to hope.
But the corridor flows on:
columns, corners, darkness
and the Guardian
                    of my depths.
At dawn
I forget its name.
Slowly the dream fades, too.
Yet someone remains.
What is that sound called?

У БЕЛИМ УГЛОВИМА, ДОК СУ МЕ РАСПИЊАЛИ

Негде на нижем небу дешава се
карневал и помпезни Рим.
У мени – распеће,
ни небеско ни јужно.
Не од медитеранског, ја сам од сопственог мита,
од крзна, од греха, од праха, од гранита.
На чаробном брегу ја сам душа од стакла, санаторијум
                              – унутрашње стање снега.
Из мене углове истерују
и тешке ме сенке са Истока распињу.
Распињу ме кап по кап.
Односе ме Исакове силе,
повлачи се тло.
Ни закон, ни мисао, ни добро, ни зло
– кап по кап
капље свест.
Топи се синајски свет.
Довољан је само лишај.
Довољан је један долазећи свет: олуја и гром.
Ослушкујем: све је пренатално.
Измиче тло.
И само кал по кап: у запад, у воду, водоник,
у зелено, у Месец, у звук, у старост и страх.

IN THE WHITE CORNERS, WHILE THEY CRUCIFIED ME

Somewhere in a lower sky
a carnival and pompous Rome are happening.
Inside me – crucifixion,
neither heavenly nor southern.
Not of the Mediterranean, I am made of my own myth,
of fur, of sin, of ash, of granite.
On a magical hill I am a soul of glass, a sanatorium
                                    – the internal state of snow.
They drive corners out of me
and the heavy shadows of the East crucify me.
They crucify me drop by drop.
The forces of Isaac bear me away,
the ground recedes.
Neither law, nor thought, nor good, nor evil
– drop by drop
consciousness drips.
The Sinai world melts.
Mere lichen suffices.
The approaching world suffices: storm and thunder.
I prick my ears: all is prenatal.
The ground slips away.
And no more than drop by drop: into the west, into water, hydrogen,
into green, into the Moon, into sound, into old age and fear.

Долази Касандра из света шумова. Будући да је сада у њеном телу богиња и да је на њеним уснама траг Аполоновог пољупца, она, смртна Касандра, мешавина божанских близанаца лута Тројом босонога, рашчупана. Њени гласови су у власти седам планета. Њен ум је саздан од седам шумова.

Урлаће тигрови. Не на земљи.
Нићи ће жито. Не из земље.
Доћи ће бродови. Не са мора.
Донеће играчке. Неће бити деца.
Говориће језике. Неће бити Грци.
Поклонићете му се. Није са Олимпа.
Сахранићете ме. У Атлантиди. У троуглу.
    На дну мора.

Cassandra comes from the world of murmurs. A goddess now being in her body and on her lips the trace of Apollo's kiss, she, the mortal Cassandra, the union of divine twins, wanders Troy barefoot, dishevelled. Her voices are ruled by seven planets. Her mind is composed of seven murmurs.

Tigers will roar. Not on the earth.
Corn will sprout. Not from the earth.
Ships will come. Not from the sea.
They will bring toys. They won't be children.
They will speak languages. They won't be Greek.
You will bow down to him. He isn't from Olympus.
You will bury me. In Atlantis. In a triangle.
      At the bottom of the sea.

КАСАНДРА У ВРТУ СА ОРХИДЕЈАМА

Будите срећни
што сте на острвима.
Троја је сада прах.
Грчке луке су мале,
невидљиве на мапама Светлости.
Понекад њене бездане
ублажавате хипотенузом.
Понекад чујете њене ветрове,
не уклапају се у геометрију
– дувају
кроз светионике, кроз стакло,
      кроз шкољке,
померају Ум.
Не скидајте маске.
Лица су вам одувана.
Пужеви су довољни
за песак и Рим.
Будите срећни
што сте на острвима.

Када уђем у последњу
дубину кристала
будите срећни
што сте на острвима,
јер ове сенке
уопште нису из времена,
а орхидеје расту
из мог модрог порекла.

CASSANDRA IN A GARDEN WITH ORCHIDS

Be happy
that you are on the islands.
Troy is in ashes now.
The Greek ports are small,
invisible on the maps of Light.
Sometimes you moderate
its abysses with a hypotenuse.
Sometimes you hear its winds,
they do not fit into geometry
– they blow
through lighthouses, through glass,
          through shells,
they shift the Mind.
Do not take off your masks.
Your faces have been blown away.
Snails will suffice
for sand and Rome.
Be happy
that you are on the islands.

When I enter the ultimate
depth of crystal
be happy
that you are on the islands,
for these shadows
are not from time at all,
and the orchids grow
from my blue origins.

РЕКВИЈЕМ
Ани Ахматовој

Ни у кристалу кристална.
Сфера ти је нестална.
Из севера и Азије си
сабрана.
Нестрпљива
елементе ниси сачекала
да се сложе
– најфинијем, ваздуху
лице си предала.
И онда си сама
ка уму кренула.
Из мог си ме пренула.
У Венецији сам.
По стаклу пловим.
Не знам да ли је то Медитеран
или су већ еони.
Али знам
ум ти је добро саздан,
сав је од камила,
по смрти и смарагдима
те носи.

Са маглом долазиш,
на плочама од воде,
под веловима од леда.
Оштра и чулна
густину реметиш.
Неповрат помераш облицима
загробних ствари,
без њих не може твоја гипка страст
и тамо јој Свемир треба,
сенке и кашмир да распростреш.
У Венецији сам. Промиче маскарада.
Двоколице римске, египатски дим.

REQUIEM
to Anna Akhmatova

Not crystal even in crystal.
Your sphere is unstable.
From the north and Asia you are
composed.
Impatient
for the elements you did not wait
to fit together
– to the finest, to the air
you surrendered your face.
And then alone
you set off for the mind.
From my own you woke me.
I am in Venice.
I'm floating on glass.
I do not know if this is the Mediterranean
or just now if it is the aeons.
But I do know
your mind is constructed well,
it is a caravanserai,
bearing you
over death and emeralds.

With fog you arrive,
on layers of water,
under veils of ice.
Keen and sensual
you perturb density.
Irretrievably you shift with forms
of things from beyond the grave,
your supple passion cannot do without them
it needs the Universe there too,
so you can spread out shadows and cashmere.
I am in Venice. A masquerade is passing.
Roman chariots, Egyptian smoke.

Опет ме је пренуо Рим
            – из неког пурпурног ума.
Али, не
ти не долазиш из провинција.
У равнодушју монада
ниси ни трофеј ни орнамент.

Из царства долазиш.
Због тебе Смрт излази из свог склада,
облачи хаљине шпанске
достојанствена достојанствену
да сачека.
У Венецији сам.
Неко ми доноси руже од стакла.
Осећам и мене је дотакла
она Модра
из фирентинског пакла.

20 јуни 1989

Once more I'm woken by Rome
                    – from a purple mind.
But, no
you do not come from the provinces.
In the indifference of monads
you are neither trophy nor ornament.

From a kingdom you arrive.
On your account Death leaves its harmony,
dons Spanish garments
dignified to meet
one dignified.
I am in Venice.
Somebody brings me roses of glass.
I, too, have been touched, I sense,
by the Blue one
from the inferno of Florence.

20 June, 1989

¶

Сестре моје Крићанке
чекам вас
из лаве у муњу да се преоденете,
вулкане ваше,
змије и богиње земљотресне
са коже да стресете
и у води чист сан да одсањате.

Чекам вас
и Дунав постајем,
у пролећне умове муња
да вас уведем.

¶

My Cretan sisters
I am waiting for you
to change from lava into lightning,
your volcanoes,
snakes and earthshaking goddesses
to slough your skin
and to dream a pure dream in water.

I am waiting for you
and becoming the Danube,
in the spring minds of lightning
so as to escort you.

ДОЛАЗАК БЛИЗАНАЦА

Доћи ће хоботнице,
моје миле близнакиње
из времена 1000 тромих тела,
вратиће ми дах.
Доћи ће шкољке,
моје миле близнакиње
из времена леда и часовника,
вратиће ми срце
у које ћу поново пасти
не на његово место
већ у његов обим
довољан
да издржи ковчеге дугог стакла
у коме тајим Твој скривени ум.
Биће ту још и трагови богова
и знаци неких још невидљивих појава.

Доћи ће сви моји близанци
и један кога још увек чекам.
На броду је.
Биће висок и сив,
носиће кишобран
и рећи ће:
„Ово је нека друга вода
која не извире из кише.
Не познајем ове обале.
Имам неочекивану душу.
Време је да помешамо животе.“

Доћи ће ветар
из правца лавова

Доћи ће.
Дунуће.
Однеће ми дно.

ARRIVAL OF THE TWINS

Octopuses will come,
my dear twin sisters
from the time of 1000 languid bodies,
they will retrieve my breath.
Shells will come,
my dear twin sisters
from the time of ice and clocks,
they will retrieve my heart
into which I will fall again
not into its place
but into its volume
sufficient
to withstand the chests of long glass
in which I conceal Your hidden mind.
There will also be traces of gods
and signs of some still invisible phenomena.

All my twins will come
including the one that I am still waiting for.
He is on a ship.
He will be tall and grey,
he will be carrying an umbrella
and he will say:
"Here is another water
that does not rise from rain.
I do not know these shores.
I have an unexpected soul.
It is time we mingled our lives."

The wind will come
from the direction of lions

It will come.
It will blow.
It will take away my depths.

БЛИЗАНЦУ, САВЕТ ПРВИ
ДА НЕ УЛАЗИ У СУТОН И БИЉКЕ

У многим ужасима била сам гост –
у собама неким иза ваздуха
где ледиле су се силе
и страхови тражили име.

Зато, слушај ме.
Избегавај сан између сутона и таме,
јер позваће те три тамна византијска гласа
од лудила дубља
и све оно на шта нема одговора –
простор чуван само за маглене близанце божанства.
Позваће те биљке из нечије туђе душе
и створења закаснела за склад минерала.

Чувај се лутајуће ватре,
њу не познаје материја сна.
Пази да ти не изгори брод.
Остаћеш без истока, без пустиња
и теби разумљивих путоказа.
Неће те прихватити ниједан други сан,
јер једини ти ћеш сањати
изван закона васионе.
Тада се више нећемо срести.
Забрањено ми је да те пратим кроз овај сан.

TO THE TWIN, THE FIRST ADVICE
NOT TO ENTER TWILIGHT AND PLANTS

I have been a guest in many horrors –
in certain rooms beyond the air
where forces froze
and fears sought a name.

So, listen to me.
Avoid dreaming between twilight and dark,
as you will be called upon by three dark Byzantine voices
deeper than madness
and all those things that have no answer –
a space kept solely for hazy divine twins.
You will be called upon by plants from someone else's soul
and creatures late for the harmony of minerals.

Beware of the wandering fire,
it is unknown to the stuff of dreams.
Take care that your ship does not burn down.
You will be left without the east, without deserts
and signs understandable to you.
You will not be accepted by any other dream,
for you alone will be dreaming
beyond the laws of the universe.
Then we will never meet again.
I am forbidden to follow you through this dream.

ВИСОКИ БЛИЗАНАЦ

Долази брзина
непозната планетама.
Ти отвараш забрањену собу
у мојој крви
и у сну се мом скриваш
од птица чије су сенке океани.
Онда ипак потонеш
у нови еон –
    пун кристала и чуда
и једно око заборавиш
у магленом делу мога сна.

Какви ме то светови целу ноћ
посматрају?
Да ли ћу бити лепа,
да ли смарагдна?
Пошаљи знак.
Реци како се дише у Анђелима.
Паук се спушта из Твоје невидљивости
и говори
да је и пре звезда била
љубав.

Али све је испало другачије.
Трошни богови
су хтели да им будем тело.

THE TALL TWIN

A swiftness approaches
unknown to planets.
You open a forbidden room
in my blood
and in my dream you hide
from birds whose shadows are oceans.
Then you sink anyway
into a new aeon –.
    full of crystals and miracles
and one eye you forget
in the hazy part of my dream.

What are those worlds watching me
all night long?
Will I be pretty,
will I be emerald?
Send a sign.
Say how one breathes in Angels.
A spider descends from Your invisibility
and says
that even before the stars there was
love.

But everything has turned out otherwise.
Decrepit gods
wanted me to be their body.

ХАЛУЦИНАЦИЈЕ БОГА ХЕРМЕСА
Преписка неуспеле анатомије мора и
подневне невидљивости на тргу робова

Лица: Видљивост, Невидљивост
место: Средњи свет, на поларном кругу
време: ишчекивање епохе

    Драга Невидљивости,
Уместо о *quatrocentu*
вртови су га пуни,
ветрови равнодушни.
Из декаде у декаду, из века у век
quatrocento, quatrocento, quatrocento
креште вратови и финесе
(птице то раде тише и лепше, у лету,
а вртови су недужни и благи
– њихова је жудња тропска)
Умето о *quatrocentu*
ја бих о епохи и темпераменту.
Од природних појава једино познајем
реку, један молски ветар, дух Еолов и Гонг,
од сопствених могућности
сан и опет гонг, најтежи и највећи црни Гонг,
јер нисам ватра, нисам Етна, ја сам тако очигледна
(у тој игри *quatrocenta* била сам и ја, монструоза, небулоза)
Моја је структура видљива,
видљивост наследна,
у времену ја сам другостепена,
али чежња ми је кружна
и по вртовима кружи и по сенкама још више.

THE HALLUCINATIONS OF THE GOD HERMES
*The correspondence between the failed anatomy of the sea
and the noon invisibility on the square of slaves*

Personae: Visibility, Invisibility
Place: The Middle World, in the polar circle
Time: the anticipation of an epoch

    Dear Invisibility,
Rather than about *quattrocento*
gardens being filled with it,
winds indifferent.
From one decade to another, one century to another
quattrocento, quattrocento, quattrocento
necks and finesse shriek
(birds do it more quietly and charmingly, in flight,
and gardens are innocent and gentle
– their desire is tropical)
Rather than about *quattrocento*
I would prefer the epoch and temperament.
Of natural phenomena I know only
the river, a minor wind, the spirit of Eolus and the Gong,
of my own possibilities
dream and again gong, the heaviest and the biggest black Gong,
for I am not fire, I am not Etna, I am so obvious
(in that game of *quattrocento* I was also monstrous, nebulous)
My structure is visible,
visibility hereditary,
in time I am secondary,
but my longing is circular
and it circles in gardens and in shadows even more.

МАЕСТРО

Пролази неко са маском
од стакла.
Долази неко изван сила.
Улази неко, доноси крила.
Верујте, не знам.
Разум и громове
у ноћну шкрињу сам сакрила.

У Дамаску сам се пробудила.
Постала сам свила.
Верујте, не знам.
Облаци су ме болели,
кроз светлост смо путовали.
Са Севера је био.
Имао је маску од стакла.
Не памти га антички свет.
Имао је атрибуте неког
                   леденог пакла.
Беле љиљане у стаклу
је оставио
и напустио свет.
Верујте, не знам.
Окренула сам се да видим
ако није из сила
из каквих је онда кристала,
али светлост ме је однела
до Севера, до пола,
далеко од бола.

MAESTRO

Someone is passing with a mask
of glass.
Someone is coming from beyond the forces.
Someone is entering, bringing wings.
Trust me, I do not know.
Reason and thunderbolts
I have stashed away in a night safe.

I awoke in Damascus
I became silk.
Trust me, I do not know.
The clouds hurt,
we travelled through light.
He was from the North.
He had a mask of glass.
He isn't recalled in the ancient world.
He had the attributes of
                an icy hell.
White lilies in glass
he left behind
and forsook the world.
Trust me, I do not know.
I turned around to see
if he weren't from the forces
then what crystals he came from,
but the light carried me away
to the North, to the Pole,
far away from the hurt.

ОДЛАЗЕЋЕМ

Јозефу Л.

Опет, тај вагон са мумијама,
и ја сопственој души унутрашња сенка.
Неко то зове прозор, плиш
неко призор са брезама.
Путовање, најкраће речено.
Ту је и Вечност. Да, и она путује са нама.
Путујемо. Неко ипак тоне.
Сунце? Море? Дух са планине? Или сам то ја?
Али и Вечност путује са нама.
Мислила сам у њу тонем, са севера.
Не, то се она кроз поларну светлост
обрушава: лака, љубичаста,
за длан довољна: пена.
Љубичаста, ветровита, од леда,
опрезно умивена.
А већ сутра, у мојој јутарњој води
два Змаја –
опомињу
докле се буђење дозвољава:
на очи навире планина, дух са планине
и сама ја, сенка заборављеног она,
и тај вагон са муњама и мумијама,
све до краја огледала.
Да, и тај Поглед је био са нама.

TO ONE WHO IS LEAVING
for Jozef L.

Again, that carriage with mummies,
and I the internal shadow of my own soul.
Some call it a window, plush
some a landscape with birches.
A voyage in short.
Eternity is here too. Yes, she is travelling with us as well.
We travel. Someone however founders.
The sun? The sea? A mountain spirit? Or is it me?
But Eternity is travelling with us as well.
I thought I was foundering in it, from the north.
No, that is her power-diving
through the polar lights: weightless, purple,
sufficient for the palm of one's hand: froth.
Purple, windy, made of ice,
carefully washed.
And already tomorrow, in my morning bowl of water
two Dragons –
cautioning
to what extent awakening is permitted:
my eyes are filled with the mountain, the mountain spirit
and myself, shadow of a forgotten dream,
and that carriage with lightning and mummies,
all the way to the end of the mirror.
Yes, that Look was with us too.

ДУБОК ЈЕ СВЕТ

Склизнули су предели,
само биљна општост влада.
"Извините, мени је зло,
под вашом шубаром
одвећ је лојално.
Извините, ја напуштам воз."
У северни замак,
у чипку, под северни вез!
Ломи се бродовље,
мучи се море,
прска сфера Севера.
Стакло кроз стакло ишчезава.
Пада снег,
дубок је свет.
Не види ме Бог.
Разлога је неколико,
један је изван природе.

THE WORLD IS DEEP

Landscapes have slid away,
only a herbal generality prevails.
"Excuse me, I feel sick,
it is too staunch
under your fur hat.
Excuse me, I am leaving this train."
To the northern castle,
to lace, under northern embroidery!
Shipping is breaking up,
the sea is suffering,
the sphere of the North is bursting.
Glass vanishes through glass.
It is snowing,
the world is deep.
God does not see me.
There are few reasons,
one is beyond nature.

МЕСЕЧАР

Понекад
на рубу између
свиле и стакла
видим Творца
кога заводе птице
из: твог сна.
И замислим свет
заустављен на сенкама
и глечерима.

SOMNAMBULIST

Sometimes
on the edge between
silk and glass
I see the Creator
being seduced by birds
from: your dream.
And I imagine a world
suspended on shadows
and glaciers.

ГЕОГРАФИЈА БЛИСКЕ НАДЕ

Нешто се догодило
у поретку сребра.
Док се из духа спуштала,
Васиона се незнатно помакла.
И јутрос је из стакла
у свет истекла Хипербореја.

Зар без домовине ми драге
и њеног Ума од студи и влаге?
У ту хладноћу није залазило
чак ни лудило,
није се усуђивала ни сама част,
нити било каква страст.
Над сопственим крајем
тамо сам имала власт.
Када све на меру сведем
потребан ми је и крај.
Можда због корала, дубоког стакла
и кристала.

Како ми је драга била
та магла,
и од Бога дража
– видела сам га
у претходној смрти,
падао је снег,
да, и кроз Бога.
Чини ми се да сам
на њега насукана,
на бездушној страни стакла,
на њега целог, без краја.
Ако је тако, могу и без Раја.

Како је блага била Хипербореја.
Тако сам замишљала

Something has happened
in the structure of silver.
While descending from the spirit,
the Universe shifted slightly.
And this morning Hyperborea
oozed from glass into the world.

Really without my beloved homeland
and her Mind of iciness and damp?
Not even madness
has come in with the cold,
not even honour itself has dared,
nor any kind of passion.
I had power there
over my own ending.
Once I get everything in proportion
I need an end.
Perhaps because of coral, deep glass
and crystal.

How dear to me was
that fog,
dearer even than God
– I saw him
in a previous death,
it was snowing,
yes, even through God.
It seems that I am
stranded on him,
on the heartless side of glass,
on him entirely, without end.
If this is so, I can do without Heaven.

How mild Hyperborea was.
This is how I imagined

наду,
веома блиску –
чисту,
на далеком снежном Диску.

hope,
very near –
pure,
on a distant snowy Disk.

Претрпана одећом,
утонула у рукавице.
Под вуненом капом део црног лица.
Неосвојива.
Не може јој ништа:
шкотска вуна, шпанска кожа, енглеска трикотажа.
Сачувала је себе
у ходу
неупоредивом чак
ни са руском школом
балета.
Зрачи међу лицима.
Боји аутобус изнутра –
ЦРВЕНО.

На зубима капи лондонске магле.
У зубима
глад.
На уснама прикривене псовке
(Радила је напорно целог дана –
у белој болници,
с белим духовима,
отупела од белог очаја,
туђих прелома)
Под уснама јужни плодови,
радост плавети.

Купује карту до Piccadilly Circus-a.
У рукама џез симфонија,
у очима блуз,
обале Африке.
Ово је први пут како жели да се стопи с брзином
аутобуса,
да не сиђе на својој станици,
да изрони негде на средини Пацифика.

Overwhelmed by her clothes
immersed in her gloves.
Under the woolly hat a fragment of her black face.
Invincible.
Immune to:
Scottish wool, Spanish leather, English knitwear.
She has preserved herself
in a gait
unparalleled even
by the Russian school
of ballet.
She radiates among faces.
She colours the inside of the bus –
RED.

On her teeth droplets of London fog.
In her teeth
hunger.
On her lips suppressed curses
(She has been working hard all day –
in a white hospital,
with white ghosts,
numb with white despair,
someone else's fractures)
Under her lips southern fruits,
the joy of blueness.

She buys a ticket to Piccadilly Circus.
In her hands a jazz symphony,
in her eyes the blues,
the coasts of Africa.
This is the first time she has wished to be at one with the speed
of the bus,
not to get off at her stop,
to emerge somewhere in the middle of the Pacific.

Предосећа окове дводневног
викенда,
телевизијског програма,
биоскопских представа.

Под кључем опипава
нечујно робовање
у својих тридесет квадрата,
робовање без грађанских ратова,
без Спартака,
робовање далеко од историје
и филмских спектакала.

She divines the shackles of the two-day
weekend,
of the TV programmes,
of the cinema shows.

Under her key she fingers
the silent slavery
in her thirty square metres,
a slavery without civil wars,
without Spartacus,
a slavery far from history
and blockbuster films.

SORELLA FIORENTINA

Живела сам у јужним собама Бога.
Цветала сам у болести
некој бледој, нежној,
свој од тила.
Пила сам стакло
из фирентинских огледала.
У маглини позних звезда
имала сам лица
и пределе личне –
плантаже леда и месеца.
Раскошна сам била.

Звала сам се Florance, Fiorentina.
Цветала сам
изван света,
у предворју стакла.
У маглини позних звезда
имала сам лица
и дрскост извесних понора.
Ја, Florance, Fiorentina
срце сам имала,
чудне неке ствари
биле су му мера.

Сада у мој лимб
понекад
зађе магла
и попну се огледала
неког дубљег пакла.

SORELLA FIORENTINA

I lived in the southern rooms of God.
I bloomed in an illness
pale, delicate,
all made up of tulle.
I drank glass
from Florentine mirrors.
In a nebula of late stars
I had faces
and private landscapes –
plantations of ice and moon.
I was luxurious.

My name was Florence, Fiorentina.
I bloomed
beyond the world,
in a vestibule of glass.
In a nebula of late stars
I had faces
and the audacity of sure abysses.
I, Florence, Fiorentina
had a heart,
some strange things
were its measure.

Now occasionally
fog arrives
in my limbo
and mirrors ascend
from a deeper hell.

Острва су чиста.
Покрети и гротеска почињу даље,
на континентима.
Каква раскош! Какве маске!
Касније долазе бисери.
Овде су смокве, робиње, котарица, седам змија.
Тамо су пустиње моје мајке.
Никада се нисам клањала
појавама облика и обичаја.
Ма колико ме множили царствима, пужевима, безданима
увек остајем сама и љубичаста
– привид између мора и огледала.
Љиљани су мој садржај.
Једино сам дотле познавала богове.
Ово је моја последња смртна област.
Светлост је висока и строга.
Растем према сребру
                    босонога.
Смештам се у снове алги.
Да ли то смрт путује дубоким земљама?
Само да ме не мимоиђе. Четрдесет велова је на мени.
У мени ниједан.
Тамнопута сам.

CLEOPATRA, THE LAST SPEECH

The islands are pure.
Movements and the grotesque begin further away,
on continents.
What splendour! What masks!
Later on there are pearls.
Here are figs, slave girls, baskets, the seven snakes.
Over there are my mother's deserts.
I have never bowed down before
the shows of form and custom.
No matter how often I am multiplied by empires, snails, chasms
I still remain alone and purple
– an illusion between the sea and the mirror.
Lilies are my content.
This is how far I have come to know the gods.
This is my final mortal domain.
The light is high and austere.
I grow towards silver
                    barefoot.
I submerge in the dreams of algae.
Is that death travelling across the deep lands?
I just hope it won't pass me by. There are forty veils on me.
Not a single one inside me.
My skin is dark.

Све до краја умирања
    биће један ветар у твом грлу
    и један воз, гласови и олуја.
Када се заврше предели и сам крај када се оконча
    бићеш обрис на далекој санти.
И последње лице када се догоди
    једино ће небо и твоје лице остати недовршени.
Камен ће се завршавати дуго, земља дубоко.
    А ти ћеш иза неба дисати.
И само ће ова слика трајати на кожи
    и после, иза неке друге и иза неке туђе:
катедрала са дном од магле и лишћа.
Само слика, доживљај. Не бркај. Забрани мисао,
    због себе, катедрале, лишћа.
Тако самоћа више неће бити лична.
    И светлост ће дисати иза неба,
недовршена.
Пре душе биће некакви знаци:
    наруквице, прстење, бисери, дугмад од седефа –
простори и предмети предсказања.
    А онда из Атлантика
земља огледала израња.
    И полако се присећаш града где су ти
почеле очи, први пут.

104

Until the very end of dying
    there will be one wind in your throat
    and one train, voices and a storm.
Once the landscapes are gone and the end itself is over
    you will be an outline on a distant ice floe.
And once the last face has happened
    only the sky and your face will remain incomplete.
Rock will come to its long ending, earth to its deep ending.
    And beyond the sky you will breathe.
Yet this image only will endure on the skin
    and then, behind another and behind one unknown:
a cathedral, its base made of fog and leaves.
Just an image, an experience. Do not get confused. Banish thought,
    for your sake, the cathedral's, the leaves'.
Thus the loneliness will no longer be personal.
    And light will breathe beyond the sky,
    unfinished.
Before the soul there will be certain signs:
    bracelets, rings, pearls, mother-of-pearl buttons –
spaces and objects of prognostication.
    And then from the Atlantic
the land of mirrors emerges.
    And slowly you recall the town where your
eyes began, for the first time.

ИЛИ КАКО НИСАМ ПОСТАЛА БЕТОН

Сећам се дана
када сам постала
ПЕСАК.

Почетак
је био
детињаст
скоро невин
у игри
пешчаних кула
– једна је шкољка
имала сенку
већу од планете.

IN MY HEART I HAVE THE SPIRIT OR HOW I DIDN'T BECOME CONCRETE

I remember the day
when I became
SAND

The beginning
was
childish
almost innocent
in a game of
sandcastles
– a shell
had a shadow
larger than a planet.

Волео сам Рим не зато што рођен сам у Риму
ни зато што моја патрицијска крв није могла
а да не буде племенита само на форумима римским.
Волео сам Рим јер једино сам дотле могао,
а наизглед Рим беше чудо –
           чврстина кичме, лице монолитно.
Рим је био море и иза мора море.
Рим ме је звао, тражио, извлачио на земаљске плоче,
           висине, површине.
Једино кроз Рим могао сам да будем у ваздуху
да струјим кроз себе спољног, кроз себе видљивог,
кроз себе душом нетакнутог. Кроз Рим сам кренуо
           у освајање облика.

Открио сам западна острва. Ни острва ми не
           донесоше мир.
Чезнуо сам за облицима испод острва, чезнуо за
           подводним бићима,
чезнуо да видим који то богови владају тишинама
и каквим их златом изливају
и каквим их именима дозивају у храмовима,
           мени непознатим.
Чезнуо сам, не знајући да облици имају свој број
           и крај.

И ево већ, привиђају ми се чемпреси римски
и сенке њихове што клизе низ зидове властитог
           ми саркофага,
а ја не умем даље из племените римске крви,
из мермера, ваза и ваздуха.
Већ сам спреман да умирим руке и склопим очи,
спреман да се предам души, да ишчезнем у себе другог
и први пут будем дубок и бео
– исто као звук оног далеког снега, у Галији, једном –
када га, онако зимски радостан и лак
на облик и смисао нисам свео.

HADRIAN, TO SENSE AND FORM

I loved Rome not because I was born in Rome
nor because my patrician blood could not
but be noble only in the forums of Rome.
I loved Rome because that was as far as I could get,
and seemingly Rome was a miracle –
                        a firmness of backbone, a monolithic face.
Rome was the sea and the sea beyond the sea.
Rome called me, searched for me, dragged me out onto
                        the earthly plates, heights, surfaces.
Only through Rome could I be in the air
and circulate through the external self, through the visible self,
through the self untouched by soul. Through Rome I set out
                        on a conquest of forms.

I discovered the western islands. Not even the islands
                        brought me peace.
I longed for the forms underneath the islands, I longed for
                        underwater creatures,
I longed to see which gods rule silences
and in what kind of gold they were cast
and what names they were called them in temples,
                        to me unknown.
I longed, not knowing that the forms had their number
                        and their end.

And here already, I imagine the cypresses of Rome
and their shadows sliding down the walls of my
                        own sarcophagus,
and I cannot go beyond my noble Roman blood,
beyond marble, vases and air.
I am prepared to still my hands and close my eyes,
prepared to surrender to soul, to vanish into my other self
and for the first time be deep and white
– exactly like the sound of that distant snow, in Gaul, once –
when, in its winter cheerfulness and lightness
I failed to reduce it to form and sense.

УЧИТЕЉУ ГЕОМЕТРИЈЕ

Учитељу,
никада нећу доћи
до петог степена сазнања,
никада дотаћи Ваше кругове
прстима прљавим од сенки,
длановима-траговима потонулог обелиска,
јер била сам доле
у каменолому душа
међу легијама усамљених
– тамо се и Лукави поклонио,
поштовао, слушао
и вратио се наводно.
Вратила сам се и ја
са тежином доњих ствари
и Великим Сећањем.
Ова ме светлост ослепљује.
Зато радије НЕ.
Не упуштам се са Вама
у дијалог о паралелним равнима
све док паралелно трајем
са сопственим животом.
Једино чежња
– ни истина ни лаж: ћутање, свила,
невидљиви гласник, призор из лова.
Једино чежња. Да, толико тежим.
– Вода сам:
30.000 демона пије ме истовремено.

TO A GEOMETRY TEACHER

Teacher,
I will never reach
the fifth level of knowledge,
never touch Your circles
with fingers dirty from shadows,
with palm-prints of a sunken obelisk,
for I have been down there
in the quarry of souls
among the legions of the lonely
– the Cunning One bowed there too,
showed respect, listened
and allegedly returned.
I came back too
with a weight of underworld things
and a Great Memory.
This light is blinding me.
Therefore preferably NO.
I do not engage with You
in a dialogue about parallel planes
as long as I endure parallel
to my own life.
Only longing
– neither truth nor lie: the silence, the silk,
an invisible messenger, a scene from a hunt.
Only longing. Yes, that is how much I weigh.
– I am water:
30,000 demons drink me simultaneously.

РАЈ

У сутон имам потребу
да замишљам рај.
Аплауз? Римски форум?
Танго аргентино?
Не, ја хоћу непознато.
Спремна сам за рај.
У сутон долазе чемпреси.
На мене слеће Бог.
На мене се спушта Неман.

PARADISE

At twilight I have the need
to imagine paradise.
Applause? The Roman Forum?
Tango Argentino?
No, I want the unknown.
I am ready for paradise.
At twilight cypresses come.
God alights on me.
The Monster descends on me.

Ivana Milankov was born in 1952, in Belgrade, Serbia. and finished her studies in English language and literature at Belgrade University. She is the author of seven books of poetry and one book of poetical prose – a dream diary.

She is also a translator of English and American poetry, including the work of Emily Dickinson, Sylvia Plath, W. B. Yeats, William Blake and Allen Ginsberg among others. Following a visit by Allen Ginsberg to Belgrade, Ivana Milankov accepted his invitation to take part in creative workshops with him and Ann Waldman at the Naropa Institute in Boulder, Colorado.

In the mid nineteen-eighties she was very active in alternative theatre and street performances.

She now earns a living as teacher of English in a secondary school in New Belgrade and spends the summers in her home in the Banat region of Vojvodina, Serbia.

Zorica Petrović was born in Sremska Mitrovica, Serbia in 1976. She graduated from the Faculty of Philology in Belgrade in 2000, gaining a BA in English language and literature. Having taught English at Belgrade Military Academy, she now teaches students of various ages in an English language studio in Belgrade and is also involved in teacher training and translating for the studio.

She takes immense pleasure in travelling, learning languages, translating and in literature in general.

JAMES SUTHERLAND-SMITH was brought up mostly abroad until his parents sent him to preparatory school in England at the age of nine. At Leeds University he was encouraged to write poetry despite reading Political Studies. Having rejected an academic career, he worked firstly with homeless people in London and then as an articled clerk with a firm of accountants. He qualified as a teacher and then moved into language teaching.

In 1980 he left Britain for good. He worked in Libya, Saudi Arabia and Qatar, and in the autumn of 1989 took a lector's job with the British Council in the then Czechoslovakia. He arrived in the Slovak part of Czechoslovakia six weeks before the Velvet Revolution and found himself playing a small role at the centre of events.

He is still resident in Slovakia, but from 2002 to 2009 he worked in Serbia advising both the Serbian Armed Forces and Montenegrin Armed Forces on teaching and learning English.

ARC PUBLICATIONS
publishes translated poetry in bilingual editions
in the following series:

'VISIBLE POETS'
Series Editor: Jean Boase-Beier

ARC TRANSLATIONS
Series Editor: Jean Boase-Beier

'ARC CLASSICS'
NEW TRANSLATIONS OF GREAT POETS OF THE PAST
Series Editor: Jean Boase-Beier

ARC ANTHOLOGIES IN TRANSLATION
Series Editor: Jean Boase-Beier

'NEW VOICES FROM EUROPE & BEYOND'
anthology series
Series Editor: Alexandra Büchler

Full details of the titles in these series
can be found on the
Arc Publications website at
www.arcpublications.co.uk